Steinwesen im Medizinrad

Stephan Bergmann und Frank Girulat

STEINWESEN IM MEDIZINRAD

Ein Kartenset zur Arbeit mit der Kraft der Steine

Mit Bildern von
Herbert Schedlbauer

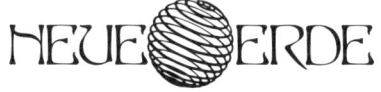

Über das Buch

Das vorliegende Buch mit Kartenset ist durch das Motherdrum-Healing entstanden. Wir hatten den dringenden Bedarf nach einer Arbeitshilfe für den therapeutischen Einsatz von Heilsteinen. Im Bereich Räucherungen und Duftreisen hatten wir schon sehr gute Unterstützung von Thomas Kinkeles Pflanzenhelfern erfahren. Nach diesem Vorbild und auf den Grundlagen unseres indianischen Wissens haben wir das Kartenset »Steinwesen im Medizinrad« geschaffen. Schon vor der Veröffentlichung wurde das Kartenset in Arztpraxen, bei Heilpraktikern, Therapeuten und Heilern erfolgreich eingesetzt. Dieses Praxiswissen ist natürlich in die vorliegende Veröffentlichung mit eingeflossen. Wie immer an dieser Stelle, darf der Hinweis nicht fehlen, dass jeder Nutzer des Kartensets, der Energie-Bilder und Steinwesen-Botschaften in eigener Verantwortung handelt und weder Verlag noch Autoren eine Haftung dafür übernehmen.

Bücher haben feste Preise.
1. Auflage 2016

Stephan Bergmann und Frank Girulat
Steinwesen im Medizinrad
Mit Fotos von Herbert Schedlbauer (www.steinkraft.de)

© Neue Erde GmbH 2016
Alle Rechte vorbehalten.

Titelseite:
Foto: Herbert Schedlbaur
Gestaltung: Dragon Design, Elbe

Satz und Gestaltung:
Dragon Design, Elbe
Gesetzt aus der Minion und Futura Condensed

Gesamtherstellung: MIDAS Printing International
Printed in China

ISBN 978-3-89060-688-0

Neue Erde GmbH
Cecilienstr. 29 · 66111 Saarbrücken · Deutschland · Planet Erde
www.neue-erde.de

Danksagung

Ich möchte allen Kräften danken, die bei der Schöpfung dieses Werkes mitgeholfen haben. Mein ganz besonderer Dank gilt Frank Girulat, der mit seiner Wahrnehmung einen großen Beitrag geleistet hat. Danke auch an seine Familie, die ihn dafür einige Monate entbehren musste. Für die Inspiration mit seinem Pflanzenhelfer-Werk verdient Thomas Kinkele meinen größten Respekt und Wertschätzung. Danke an Herbert Schedlbauer für die Zusammenarbeit und wundervolle Schöpfung der Energiebilder. Intensiv mitgewirkt haben zudem Daniela Ried und Rita Wulf, ohne Euch hätte ich das nicht auf diese Weise geschafft. – Fühlt Euch umarmt!

Danke an Leander von Kraft, Gerhard Knörzer, Dr. Volker Scharffenberg, an Andreas Lentz und den Neue Erde Verlag. Danke an meine Familie Isabell Heppt, Ronja, Lucia, Jonathan und Frieda Bergmann. Meiner großen Motherdrum-Familie möchte ich für all die Erfahrungen, Rückmeldungen und Erlebnisse danken, die zu dem tiefen Kontakt mit den Steinwesen geführt haben.

Stephan Bergmann

Inhalt

- 5 Danksagung
- 8 Wie dieses Buch und die Karten entstanden
- 10 Die Arbeit mit Steinwesen im Medizinrad
- 13 Was ist ein Medizinrad?
- 16 Auswahl der Steine und Karten
- 17 Denken in Energie
- 19 Anwendungsgebiete und Anwendungsweisen
- **20 Steinwesen-Beschreibungen A-Z**
- 92 Die Autoren
- 94 Literaturhinweise

Amazonit 20	Hämatit, Rohstein 46	Rhodochrosit 71
Amethyst 21	Heliotrop 47	Rosenquarz 72
Ametrin 22	Honigcalcit 48	Rubellit 73
Ammonit 23	Jaspis, gelb 49	Rubin 74
Apatit 24	Jaspis, grün 50	Rutilquarz 75
Aquamarin 25	Jaspis, rot 51	Salz (Himalaya-
Aragonit 26	Karneol 52	Salz) 76
Aventurin, blau 27	Kunzit 53	Sandrose 77
Aventurin, grün 28	Kupfer 54	Saphir 78
Aventurin, rot 29	Lapislazuli 55	Schörl (Schwarzer
Baryt 30	Larimar 56	Turmalin) 79
Bergkristall 31	Magnesit 57	Selenit 80
Bernstein 32	Malachit 58	Serpentin 81
Calcit, blau 33	Manganocalcit 59	Smaragd 82
Calcit, grün 34	Mondstein 60	Sodalith 83
Calcit, rot/braun 35	Moosachat 61	Sonnenstein 84
Chalcedon 36	Nephrit 62	Thulit 85
Chrysokoll 37	Onyx 63	Türkis 86
Chrysopras 38	Opal, weiß 64	Turmalinquarz 87
Citrin 39	Optischer Calcit 65	Unakit (Epidot) 88
Feuercalcit 40	Orangencalcit 66	Vanadinit auf Baryt 89
Fluorit 41	Peridot 67	Versteinertes Holz 90
Friedensachat 42	Pyrit 68	Wassermelonen-
Goldtopas 43	Rauchquarz 69	turmalin 91
Granat 44	Regenbogen-	
Halit (Steinsalz) 45	Obsidian 70	

Wie dieses Buch und die Karten entstanden

Als Trommelbauer und Erfinder der Motherdrum und des Motherdrum-Healings hatte ich ursprünglich nichts mit Steinen zu tun. Eines Tages, als ich in einer geistigen Durchsage die Inhalte der Motherdrum-Healing-Ausbildung empfing, sah ich auf das Blatt Papier, welches ich gerade etwa zehn Minuten lang wie in Trance vollgeschrieben hatte. Zu meiner Überraschung stand da unter anderem »Medizinrad« und »Heilsteine« geschrieben.

Ich erinnerte mich sofort an ein Ereignis, das fast zehn Jahre zurücklag. Bis zu diesem Zeitpunkt war es das einzige eindrucksvolle Erlebnis mit Mineralien in meinem Leben. Damals besuchte ich ein Seminar, bei dem ich mich in ein Bernstein-Medizinrad gelegt hatte. In der Erwartung, dass dies überhaupt nichts bringen würde, habe ich mich der Anweisung der Seminarleiterin gefügt. Nachdem ich eine halbe Stunde in diesem Kreis gelegen hatte, öffnete ich die Augen, und die Welt, die ich sah, war ganz unerwartet völlig in bernsteinfarbenes Licht getaucht, als würde ich durch eine Sonnenbrille mit goldenen Gläsern schauen. Diese tiefe Erfahrung, die den ganzen Tag anhielt, hat mich all die Jahre fasziniert, und ich konnte und wollte es nie vergessen.

Die Erinnerung an das Bernstein-Erlebnis hat mich dann nach all der Zeit zu langjährigem Experimentieren geführt. Stück für Stück habe ich mich immer mehr mit den Steinwesen im Medizinrad verbunden. Viele Jahre schon setze ich diese wunderbaren Helferwesen bei meiner Arbeit ein. Mein treuester Wegbegleiter, Frank Girulat, hat einen wichtigen Beitrag bei der Erforschung geleistet. Mit ihm zusammen habe ich die Botschaften der Steinwesen erspürt und in der täglichen Praxisarbeit erfolgreich eingesetzt.

Inspiriert wurden wir durch die Arbeit meines Freundes Thomas Kinkele und seiner Pflanzenhelfer samt ihren Kern-Botschaften, die wir ebenfalls in gleicher Weise schon lange in der Therapie-Arbeit verwenden. Wir waren sehr beeindruckt von der Präzision und Wirkkraft der Duftbotschaften. Also haben wir uns auf die Suche nach den Steinhelfern mit ihren Kernbotschaften begeben. Später haben wir dann Herbert Schedlbauer kennengelernt, der den Steinwesen mit seinen Energiebildern ebenfalls schon auf der Spur war. Gemeinsam haben wir dann die Steinenergie-Bilder in eine 16er-Medizinrad-Struktur gebracht, und daraus ist das vorliegende Kartenset entstanden.

Heute bin ich immer wieder erstaunt, wie leicht Menschen mit Hilfe der Karten und Kernbotschaften – ganz ohne Vorkenntnisse – erfolgreich mit Mineralien arbeiten können. Es ist wundervoll zu beobachten, wie durch diese Arbeit ein tiefer Kontakt mit den Steinwesen entsteht, der es möglich macht, ihre Energien zu erfahren und wie diese wirken, einfach deshalb, weil es am leichtesten ist, durch das eigene Tun zu lernen.

Die Arbeit mit Steinwesen im Medizinrad

Die Steine im Medizinrad gelegt, erzeugen ein für jedermann klar wahrnehmbares Energiefeld. Ebenfalls für jeden deutlich erkennbar ist die Wirkung des jeweiligen Steinkreises, die um ein Vielfaches stärker ist als die eines einzelnen Steines, selbst wenn dieser viel größer ist, als die Summe der einzelnen kleineren Mineralien im Medizinrad. Dies ist möglich, weil sich die Steine, im Kreis gelegt, miteinander verbinden und so ein Kraftfeld erschaffen, in dem die Energie des ganzen Steinwesens wirkt.

Mit anderen Worten, ruft die Verbindung der Steine im Medizinrad die jeweilige Steinwesenheit in Erscheinung. Dadurch fluten sich ganze Räume und Landschaften mit dieser Wesenheit, von deren Schwingung man durchdrungen und erfüllt wird. Ein einzelner Stein, den man zum Beispiel am Hals oder in der Hosentasche trägt, baut meist nur einen Kontakt zu der Frequenz oder Information der Steinwesen auf. Man wird in dem Fall nicht unbedingt von der Energie der Wesenheit durchdrungen, sondern eher nur von ihrer Kraft berührt. Wenn man allerdings in das Energiefeld eines Steinwesens eintritt, können tiefe Impulse angenommen werden, und Heilung kann viel leichter geschehen.

Diese Vorgehensweise wird beim Motherdrum-Healing bereits seit vielen Jahren angewendet. Hier liegt der Patient unter der Riesentrommel, und um diese herum liegt dann der zur Behandlung passende Heilstein-Kreis aus 16 Steinen mit einem zentralen 17ten Stein in der Mitte.

Beispiele
Jemand, der unter Depressionen leidet, hat es schwer, Freude zu empfinden. Es wird wahrscheinlich wenig Erfolg haben, wenn man diesem Patienten sagt, er solle sich doch einfach mal wieder freuen. Sicherlich will er das, aber er kann dieses Gefühl in dem Moment nicht mehr in sich finden. In der Therapiepraxis wäre dafür der Steinhelfer Orangencalcit eine mögliche Wahl. Die Kernbotschaft dieses Steinwesens ist »vibrierende helle Freude«.

Legt sich der Patient in diesen Heilsteinkreis und unter die Motherdrum, wird er nach kurzer Zeit genau diese helle vibrierende Freude in sich spüren. Damit hat er wieder den Kontakt zum vergessenen Gefühl hergestellt und so den heilenden Impuls in sich aktiviert. In vielen Fällen hat dies tatsächlich dauerhaft die Depression gelöst.

Ein weiteres Beispiel ist der Granat. Der war in der Nachkriegszeit ein sehr gefragter Stein. Die Kernbotschaft dieses Steinwesens ist, »sich groß, stark und aufgerichtet fühlen«. Es hilft Menschen dabei, die durch schwere Zeiten hindurch müssen oder mussten, sich an ihre Kraft und Größe zu erinnern (etwa nach Schicksalsschlägen, Trennungen und so weiter).

Das Kartenset

Ein großer Vorteil des Steinwesen-Kartensets ist, dass man ohne jegliche Vorkenntnisse mit Mineralien arbeiten kann. Durch die jahrelang erprobten und dadurch sehr treffenden Kernbotschaften der Steinwesen kann man sich sofort sehr gut im Mineralienreich orientieren. Die Bilder der Steinwesen geben zudem eine hervorragende optische Orientierung.

Ein feinfühliger Mensch wird sofort feststellen, dass die Energiebilder genauso kraftvoll wirken wie die Steine selbst. Durch die mögliche Vergrößerung um ein vielfaches, etwa durch Beamer- und Projektionstechnik, kann man sogar ganze Räume mit der Energie der Steinwesen fluten.

Eine weitere beliebte Anwendungsmöglichkeit ist das Energetisieren von Trinkwasser. Hierbei stellt man ein Glas reines und klares Trinkwasser (am besten Quellwasser) auf ein Stein-Energiebild. Das Wasser nimmt nach kurzer Zeit die Schwingungsfrequenz der jeweiligen Steinwesenheit an und gibt die Information direkt an den Körper weiter. Die Körperzellen können diese Impulse sofort aufnehmen und positiv verarbeiten. Dies ist eine sehr einfache und wirkungsvolle Methode, die Steinhelfer in das alltägliche Leben einzuladen.

Die Energiebilder selbst sind geometrisch wie ein Medizinrad aufgebaut und wirken deshalb als »Schwingungs- bzw. Informationsmedizin«.

Was ist ein Medizinrad?

Ein Medizinrad repräsentiert alle wichtigen Aspekte des Lebens auf Mutter Erde. Es stellt die Ganzheit des Lebens dar, alle Lebenszyklen und Kreisläufe der Natur, die Jahreszeiten, die Elemente, die Himmelsrichtungen, Männlichkeit und Weiblichkeit, alle Räume und die wahrscheinlich wichtigste geometrische Form – den Kreis. Es bietet bei richtiger Anwendung Halt und Orientierung im Leben, ist

- Raum des Lebens (vier Winde, Richtungen, Tor für Wesenheiten, Mineralienwelt, Pflanzenwelt, Tierwelt, Menschenwelt);
- Rad des Lebens (Jahreskreis, Sternenkreis, Zyklen des Lebens mit Geburt, Wachstum, Reife, Tod, Erneuerung);
- Abbild vom Buch des Lebens (Landkarten, Talente, Muster, Mängel, Emotionen, Ahnenwissen und Ahnenmuster).

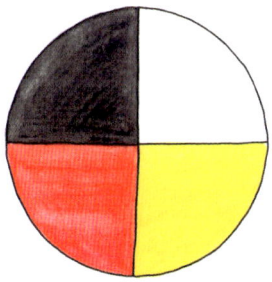

Das Medizinrad ist bei allen Wedischen Kulturen (komplette Nordhalbkugel der Erde) bekannt und findet bis heute Anwendung. Kennengelernt habe ich es selbst bei den Crow-Indianern in Montana. In Wyoming gibt es das wahrscheinlich älteste Medizinrad der Welt auf über 3000 Metern Höhe. Dort werden noch heute Rituale wie Visionssuchen zelebriert. Es ist ein Pilgerort für viele spirituelle Menschen, die ins Gebet gehen wollen und den Kontakt zu den Spirits suchen. Bei uns in Mitteleuropa sind die Steinkreise der Megalith-Kultur bekannt, werden aber meist nur als Landkarten der Sterne und Planeten angesehen. Dies ist aus meiner Sicht eine sehr ungenügende Betrachtung des Wissens und der Weisheit unserer Vorfahren. Ein bekanntes Medizinrad ist für mich Stonehenge in England.

Über Medizinräder wurde schon einiges geschrieben. In Deutschland ist das »Medizinrad-Praxisbuch« von Sun Bear sehr bekannt und stellt eines der Grundwerke zu diesem Thema dar. Die Twisted Hairs haben mit den Werken »Süße Medizin 1 & 2« ebenfalls ein weitverbreitetes Basiswerk zu diesem Thema veröffentlicht.

In unserer Arbeit verwenden wir, wie Sun Bear, ein Medizinrad mit 16 Steinen beziehungsweise 16 Positionen im Kreis (für vertiefende Informationen empfehlen wir sein Medizinrad-Praxisbuch). Interessant dabei ist, dass die Kreiszahl Pi genannt wird und der Buchstabe P in fast allen Alphabeten an sechzehnter Stelle erscheint. Es gibt aber auch Medizinräder, die mit anderen Zahlensymboliken aufgebaut sind.

Am leichtesten legt man ein schönes rundes Medizinrad, wenn man mit den ersten vier Steinen die vier Himmelsrichtungen belegt. Ich beginne immer im Osten, wo die Sonne aufgeht und das Neue seine Energie verströmt. Danach folgen der Süden, der Westen und der Norden.

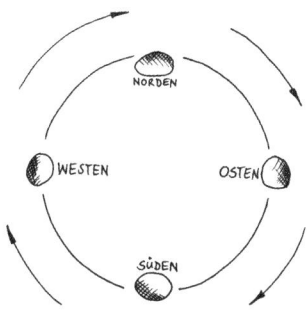

Dann folgen jeweils drei Steine dazwischen, ausgehend vom Norden Richtung Osten.

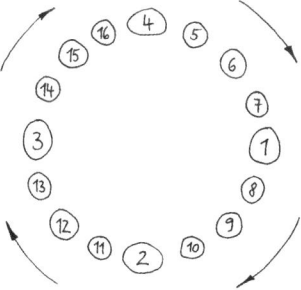

Dieser Kreis symbolisiert das weibliche Prinzip. Eine Art Schöpfungsakt entsteht durch das Hinzufügen des männlichen Prinzips, wenn man jetzt einen siebzehnten Stein genau in das Zentrum des Kreises legt. Die Energie des Steinwesens wird dabei um ein Vielfaches stärker wahrnehmbar.

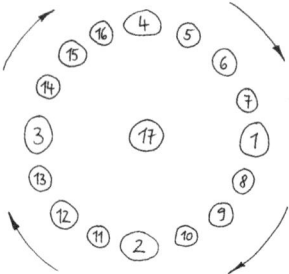

Auswahl der Steine und Karten

- Über das Energiebild der Karten kann man für sich selbst oder für den Klienten herausfinden, welches Bild am meisten anspricht.
- Auf ein Thema bezogen, könnte die Frage lauten: »Welches Steinwesen hilft mir jetzt am besten?«
- Dann schaut man sich die Bilder an und spürt, wo die größte Resonanz ist.
- Über die Kernbotschaft ist dasselbe möglich. Sehr gerne arbeite ich logisch mit den Affirmationen und Botschaften, passend zu den zu lösenden Themen oder Krankheiten, wie in den vorgenannten Beispielen und nachfolgend bei »Denken in Energie« beschrieben. Ich wähle also jene Karten aus, die in ihrer Botschaft schon die geheilte Form des zu behandelnden Zustandes enthält.
- Ebenso kann man einfach »Karten ziehen«. Dabei verbinde ich mich über die Kraft des Herzens mit den Karten. Dann mische ich sie, lege sie verdeckt in einem Kreis und ziehe die Karte, mit der ich die stärkste Verbindung spüre. Dies geschieht entweder optisch oder gefühlt über die Resonanz der Hände. Dazu nehme ich gerne die linke Hand, weil sie dem Herzen am nächsten ist.
- Über Logik / Denken in Energie.

Denken in Energie

In der Heilarbeit geht es in erster Linie darum, Energie zu bewegen. Es gibt einen Ist-Zustand beim Patienten, der sich zum Beispiel durch Krankheit zeigt. Die Energie des Ist-Zustandes wird durch Heilarbeit in Richtung Soll-Zustand bewegt. Dabei helfen uns die Erkenntnisse aus der Psychosomatik mit Werken von Louise L. Hay, Rüdiger Dahlke und der Germanischen Medizin nach Dr. Hamer, die meiner Meinung nach die derzeit erkenntnisreichste Diagnose bieten kann.

Zum Beispiel: Lungenprobleme = Angstkonflikte

Der generelle Konflikt bei Lungenproblemen ist Angst. Wenn das die einzige Information ist, über die man verfügt, kann man aus dem Steinwesen-Kartenset diejenigen Kernbotschaften aussuchen, die den geheilten Aspekt der Angst widerspiegeln. Dafür braucht man sich nur vorzustellen, was das Gegenteil von Angst ist. Um die Angst genauer identifizieren zu können, betrachtet man den körperlichen Zustand und seine Ausdrucksform. Darüber erhält man Aufschluss über die wesenhaften Anteile der Angst und ihre Ursache.

Wesensanteile der Angst sind zum Beispiel:

Kälte, Enge, Zittern, Mangel, Härte, Gefühl von Getrennt-Sein, Ausweglosigkeit oder Angriff.

Mögliche Gegenteile von Angst:

Wärme, Weite, Ruhe, Fülle, Geborgenheit, Sicherheit, Schutz, Liebe, Vertrauen.

Über die Kernbotschaft der Steinwesen kann man jetzt die Auswahl eingrenzen. Zum Beispiel:

»Sich weich, warm und geschützt fühlen.« – Honigcalcit

»Innere Ruhe und Stärke mit sicherem Stand und fester Verwurzelung.« – Jaspis rot

»Von der Dualität in die Einheit.« – Rosenquarz

»Liebevoll mit sich verbunden sein und sich vollständig und heil fühlen.« Rubellit

»Ruhige gelassene Leichtigkeit.« – Aventurin blau

»Freiraum und Weitblick.« – Aquamarin
»Frei von Angst sein und Bereitschaft, sich klar und ehrlich auszutauschen.« Rutilquarz

Hat man genauere Informationen zu einem Krankheitsbild, kann man auch eine bessere Auswahl treffen. Im folgenden sind jeweils vier mögliche Vorschläge für verschiedene Konflikte. Natürlich gibt es noch mehr Möglichkeiten. Hier sollen es kurze Beispiele bleiben.

Die Lunge teilt sich in drei Konfliktbereiche auf:
Lungenbläschen = Todesangst-Konflikt
»Sich von äußeren Einflüssen abschirmen und geschützt fühlen.« –Baryt
»Von der Dualität in die Einheit.« – Rosenquarz
»Sich weich, warm und geschützt fühlen.« – Honigcalcit
»Frei fließend und emotionslos zur Ruhe kommen.« – Schörl

Bronchialschleimhaut = Revierangst-Konflikt:
»Innere Ruhe und Stärke mit sicherem Stand und fester Verwurzelung.« – Jaspis rot
»Warmherziges Sein und Verständnis für das Gegenüber.« – Wassermelonen-Turmalin
»Bei sich sein und sich treu bleiben.« – Sodalith
»Sich der eigenen Essenz zuwenden.« – Amazonit

Becherzellen = Erstickungsangst:
»Freiraum und Weitblick.« – Aquamarin
»Sich von äußeren Einflüssen abschirmen und geschützt fühlen.« – Baryt
»(Luftige) Bewegung in der Tiefe.« – Heliotrop
»Heiterkeit und Lebendigkeit annehmen.« – Chalcedon

Jetzt kann man die ausgesuchten Steine in aller Kürze vertiefend vergleichen, in dem man die Wesensbeschreibungen im Begleitbüchlein mit der Geschichte des Patienten vergleicht. So kristallisiert sich ganz schnell der richtige Heilstein für die Behandlung heraus.

Anwendungsgebiete und Anwendungsweisen

Anwendungsgebiete
Wellnessbehandlungen, Heilpraxis aller Art, schamanische Therapien, spirituelle Praxis, Meditationshilfe, Gruppenarbeit, Prozessarbeit, Einzelcoaching.

Eine vertiefende Anwendungsanleitung findet sich in dem geplanten Buch »Steinwesen im Medizinrad«.

Anwendungsweisen von Steinkreisen
Du kannst Steinkreise bei vielen Gelegenheiten aufbauen. Bei mir befindet sich jetzt gerade ein großer Steinkreis aus Rosenquarz im Garten, ein kleinerer Rosenquarz-Kreis auf dem Balkon und mehrere Steinkreise mit Trommelsteinen in verschiedenen Räumen im Haus.

Setze dich selbst in ein Medizinrad aus Steinen, dabei kannst du zum Beispiel trommeln, räuchern oder meditieren.

Du kannst ganze Landschaften durch Steinkreise inspirieren. Ein Freund von mir hat sogar einen Steinkreis über ganz Europa gelegt und ist dabei viele Tausend Kilometer unterwegs gewesen.

Sehr interessant ist auch das Energetisieren von Wasser. Fülle zwei gleiche Gläser mit Wasser und baue ein Medizinrad nur um das eine Glas herum. Beide Gläser sollten mindestens zwei Stunden so stehen. Du wirst erstaunt sein, wie unterschiedlich diese danach im Vergleich schmecken und sich anfühlen.

Am häufigsten verwende ich Steinkreise zur Behandlung beim Motherdrumming. (www.motherdrum.de)

Mögliche Anwender
Natürlich kann jeder die Karten und Botschaften nutzen, um einen tieferen Kontakt mit den Steinwesen aufzubauen. Bisher werden sie häufig von Heilpraktikern, Heilern, Therapeuten, Medizinmännern und -frauen, Schamanen und anderen benutzt. Die bisher meisten und intensivsten Heil-Erfahrungen wurden dabei beim Motherdrum-Healing gemacht.

Amazonit
Sich der eigenen Essenz zuwenden

Das wässrig-luftige Wesen des Amazonits ist aktiv und freundlich. Sanft und entspannt schaukelt es dich mit frischen Wellen hin zu deiner eigenen Essenz. Mit einem würdevollen Blick und einem inneren Lächeln bist du ganz bei dir, und in gemütlicher Zurückhaltung kannst du dich deinen eigenen Themen zuwenden. Das Amazonit-Wesen motiviert dich, zu handeln und überlegt auszudrücken.

Affirmation
**Mit innerem Lächeln wende ich mich
meiner eigenen Essenz zu.**

Amethyst
Wache, klare Präsenz des Geistes

Das geheimnisvolle engelhafte Wesen des Amethysts ist klar und strahlend. Es durchflutet dich mit seiner transformierenden violetten Kraft bis in die kleinste Zelle. Deine geistige Krone öffnet sich und verbindet dich mit höheren Ebenen. Wie ein Engel führt es dich in die Klarheit des Geistes und seiner Kraft. Dein Herz öffnet sich sanft der höheren Wahrheit und deiner inneren Stimme.

Affirmation
Ich bin das strahlende Licht meiner selbst, erkenne den göttlichen Funken in mir und bin erfüllt von geistiger Klarheit.

Ametrin
Wach, neugierig und gelassen sein

Das aufgeweckte Wesen des Ametrins ist sanftmütig und lieblich. Seine schöne Klarheit schafft Weitsicht und schärft deine Sinne. Wahrgenommenes löst in seiner Gegenwart keinerlei Emotion aus. Du bleibst ruhig und gelassen und in neugieriger Erwartung. Du bist hellwach und von guter Auffassungsgabe. So öffnet sich dir deine innere Tür zu Kreativität und Tatkraft.

Affirmation
**Sanftmütige Gelassenheit erfüllt mich
und neugierig entfaltet sich meine Schöpferkraft.**

Ammonit
Bodenkontakt und Wahrnehmung im Hier und Jetzt

Das ruhige Wesen des Ammonits ist sehr erdig. Mit seiner Hilfe verspürst du starken Bodenkontakt. Sicherheit und Geborgenheit erfüllen dich. Entschleunigung und innere Ruhe verleihen dir eine gute Wahrnehmung und gegenwärtiges Sein. Das Ammonit-Wesen erinnert dich an den stillen Meeresgrund, wo du mit Sand unter den Füßen eine lichtvolle Zauberwelt erleben darfst.

Affirmation
**Jetzt spüre ich den Boden sicher unter mir
und erkenne die Schönheit meiner Welt.**

Apatit
Leichtigkeit, Motivation und Dynamik

Das pulsierende Wesen des Apatits ist hell und heiter. Leichtigkeit entsteht durch sein Wirken, und alles, was schwer im Magen liegt, löst sich in Luft auf. Der Apatit aktiviert deine Energie in Wellenbewegungen hin zu Heiterkeit, Motivation und Dynamik. Mit innerer Elastizität, warmem Brustraum und Freude kannst du deinen Weg gehen.

Affirmation
Heiter und beschwingt gehe ich meinen Weg.

Aquamarin
Freiraum und Weitblick

Das erfrischende Wesen des Aquamarins ist klar und zielgerichtet. Seine Energie öffnet Tore auch in andere Bewusstseinsebenen. Es schärft die Sinne, verschafft dir eine klare Sicht und Weitblick. Das Aquamarin-Wesen verkörpert die männliche Kraft, schafft Freiraum und aktive Präsenz. Du kannst durchatmen und stehst mit beiden Beinen fest auf dem Boden.

Affirmation
Aufrecht stehe ich, sehe klar und deutlich was ist.
Ich bin präsent, frei und kraftvoll.

Aragonit
Wirbelnde Aufrichtung

Das solide Aragonit-Wesen ist erhebend und stabilisierend. Seine Energie wirkt auf liebevolle Weise austarierend und ausbalancierend. Du kannst dich frei und nüchtern auf das Machbare ausrichten. Der obere Körperbereich fühlt sich dabei eher kühl und nüchtern an, der untere erwärmt und zentriert. Wie ein Baum im wirbelnden Wind stehst du aufgerichtet und gleichermaßen verbunden mit Himmel und Erde.

Affirmation
Aufrecht verbunden mit Himmel und Erde richte ich mich auf das Machbare aus.

Aventurin, blau
Ruhige gelassene Leichtigkeit

Das gelassene Wesen des blauen Aventurins hat ein ruhiges pulsierendes Gemüt. Seine Energie fließt wie Wasser mit einer liebevollen Welle durch deinen Körper. Sie ist fein und macht frei, wodurch ein Gefühl von ruhiger Leichtigkeit entsteht. Mit der Hilfe des blauen Aventurins kannst du ganz gelassen und mit freundlichem Auge distanziert auf alles schauen, was gerade ist.

Affirmation
Ich fühle mich gelassen und entspannt.
Frei und freundlich betrachte ich alles, was ist.

Aventurin, grün
Klarheit, Wachheit, Neugier

Das milde Wesen des grünen Aventurins ist hell, glänzend, wach und klar. Seine Energie nähert sich dir vorsichtig und unauffällig. Es hilft dir, durch ein leichtes, frisches Gefühl, vor allem im Brustbereich und im Kopf, heiße Emotionen zu kühlen. Der grüne Aventurin hat eine Kraft, die deinen Geist klärt und anregt und eine kindliche wache Neugier in dir weckt. Deine Augen wollen immer mehr leuchten und dein Kopf wird frei. Ein helles und glänzendes Gefühl nimmt den Raum ein, alle Schwere löst sich auf und du bist offen für neue Möglichkeiten.

Affirmation
**Freudig erkenne ich die Möglichkeiten, die sich mir bieten.
Lachend tanze ich mit ihnen und wähle meinen Weg.**

Aventurin, rot
Freude und Sinnlichkeit

Das lebhafte Wesen des roten Aventurins ist freudig, sinnlich und offen für Neues. Seine fröhliche und lebensbejahende Energie weckt in dir das Interesse an deiner Außenwelt. Mit Spieltrieb und Sinnlichkeit fällt es dir leicht, dort großzügig und gönnend deine Liebe zu verströmen. Das rote Aventurin-Wesen erweckt in dir ein inneres Lächeln mit tiefer Zufriedenheit. Es öffnet deinen Energiekanal vom Wurzelchakra ausgehend bis in den Kopf hinein.

Affirmation
**Begeisterung fließt durch meine Adern und verbindet mich mit der nährenden Kraft des Lebens.
Ich umarme mich selbst und schenke der Welt mein Lächeln.**

Baryt
Schutz und Abschirmung von äußeren Einflüssen

Das Wesen des Baryts verströmt eine große Ruhe. Es ist, als würdest du in deine ureigene Höhle hineingehen, und die Welt draußen ist wie abgeschirmt. In diesem Versteck bist du geschützt, und es ist dir möglich, Ruhe zu finden, in dich zu gehen, dich zu sammeln. Wie ein kühlender Nebel legt sich die Energie des Baryts auf deine Emotionen, und du bist einfach nur da. Es kehrt Stille ein, und es gibt nichts, was dich stört.

Affirmation
Geborgen in meinem Inneren finde ich Ruhe und Stille.
Ich bin ungestört, geschützt und einfach ich.

Bergkristall
Klarheit, Wachheit und Erinnerung an alles, was war und ist

Wie eine aufsteigende Lichtspirale umgibt dich das Wesen des Bergkristalls und gibt dir das Gefühl, von himmlischen Helfern umhüllt und getragen zu sein. Du spürst, wie sich Leichtigkeit in dir ausbreitet und du tief durchatmen kannst. Der Bergkristall erinnert dich an alles, was war und ist. Es öffnet sich ein weiter Raum, in dem du Situationen sehr gut und klar überblicken kannst. Du fühlst dich frei, leicht und dennoch fest verwurzelt.

Affirmation
Lichtwesen umgeben mich. Ich fühle mich getragen,
leicht und frei. Mein Geist ist wach und klar.
Ich erinnere mich.

Bernstein
Spiegel des inneren Kindes

Wie seine Farbe, so ist das Wesen des Bernsteins schön, wärmend und sanft. Durch seine nährende Energie wirst du spielerisch leicht und ganz weich. Wie Honig lässt das Bernstein-Wesen dich sanft nach innen fließen, zurück zum Urvertrauen. Das Bernstein-Wesen berührt dein Herz liebevoll und zeigt dir dein inneres Kind.

Affirmation
Ich bin liebevoll genährt und öffne mein Herz. Leicht und weich fließe ich im Urvertrauen meiner kindlichen Seele.

Calcit, blau
Selbstbewusstsein und starker kraftvoller Stand

Das Wesen des blauen Calcits ist männlich, aufrichtend, ruhig und geradlinig. Durch seine frische Energie spürst du den Facettenreichtum in dir, die Inspiration, die gelebt werden will und nur darauf wartet, entdeckt zu werden. Das blaue Calcit-Wesen macht dich zum Fels in der Brandung, indem es dir deine volle Größe und Stärke zeigt.

Affirmation
Aufrecht stehe ich und weiß um meine Kraft und Größe.
Ich bin selbstbewusst und lasse meine Inspiration fließen.

Calcit, grün
Frisch, klar und warme Weite im Herzen

Das frische Wesen des grünen Calcits ist freundlich, weich und fließend. Seine Energie wirkt trotz seiner Kühle wärmend auf der Herzebene. Diese Warmherzigkeit schafft eine liebevolle Verbindung zu deiner eigenen Natur. Du bist bereit, dich selbst und anderen dein Herz zu öffnen und es sprechen zu lassen.

Affirmation
Mit warmer Weite im Herzen bin ich.

Calcit, rot/braun
Versöhnung von Triebhaftem und Verstand

Das erdige Wesen des roten Calcits ist nüchtern und gelassen. Innen kühlt es dich und schärft deine Sinne, dabei wirst du von außen wohlig gewärmt. Der rote Calcit verbindet Luft und Erde und macht dich realistisch und neutral. Vermeintliche Schatten in verborgenen Winkeln deines Seins, Dinge die man gerne unter den Teppich kehrt, kannst du ohne Emotion betrachten. Verstand und Sexualität, Geist und Unterwelt kommen so in versöhnenden Einklang.

Affirmation
Ich nehme meine natürlichen Bedürfnisse liebevoll an.

Chalcedon
Heiterkeit und Lebendigkeit annehmen

Das Wesen des Chalcedons ist erhebend, luftig und beschwingt. Es hat eine leichte Kühle, mit der es sanft deinen Hals befreit und deine Stimme tiefer und kräftiger werden lässt. Es erweitert deinen Brustkorb auf eine prickelnde Art und Weise, so dass du gut durchatmen kannst und dich aufrichtest. In dir wird eine beschwingte und erheiternde Stimmung entfacht, und du wirst ermutigt, dich mit Freude mitzuteilen. Sein erhebendes Wesen ermöglicht es dir, dich heiter und lebendig zum Ausdruck zu bringen, ganz so, als würdest du auf einem Rednerpult stehen.

Affirmation
Leicht und frei schwingt Heiterkeit in mir,
und freudig teile ich mich dem Leben mit.

Chrysokoll
Ausgeglichen voranschreiten

Das Wesen des Chrysokolls ist versöhnend, ausgleichend, stärkend und schützend. Es wirkt kühlend auf deine Emotionen, insbesondere bei Wut. Es macht dich weich und legt gleichzeitig eine stärkende und kräftigende (Schutz-)Hülle um dich. Es ist ganz leicht für dich, richtig da zu sein. Gestärkt durch seine Energie ermutigt dich der Chrysokoll, ausgeglichen auf deinem Weg und der deiner Ahnen voranzuschreiten.

Affirmation
Ausgeglichen kraftvoll und gestärkt schreite ich im Einklang mit den Ahnen auf meinem Weg voran.

Chrysopras
Entspannte kindliche Freude

Das Wesen des Chrysopras' ist würdevoll, friedvoll, sanft und freudig. Durch seine vertrauensvolle erdende Ruhe besänftigt es und nimmt alle Spannung aus deinem Körper. Du wirst leicht und gehst in das Gefühl von kindlicher Naivität und Verspieltheit zurück, in einen Schutzraum, in dem du einfach wieder Kind sein darfst.

Affirmation
**Im Vertrauen und voller Freude entspanne ich mich.
Alles ist gut.**

Citrin
Lust auf Neues

Das Wesen des Citrins ist hell, mutig, dynamisch und hat ein fröhliches und sonniges Gemüt. Seine helle Stimmung schenkt dir Lebensmut und fördert deinen Ideenreichtum. Du kannst Belastungen verdauen und loslassen, dadurch entsteht Raum für neue Inspirationen und Wege. Der Citrin lädt dich ein, dein Leben spielerisch zu gestalten und Erfahrungen im Außen zu suchen. Mutig, dynamisch, sicher und auf liebevolle Art kannst du deinem Selbst Ausdruck verleihen.

Affirmation
Mutig und dynamisch entdecke ich die Welt.
Ich gestalte mein Leben sonnig und spielerisch.

Feuercalcit
Wärmende Bodenständigkeit

Das Wesen des Feuercalcits hat einen warmen und stark erdenden Charakter. Seine Energie aktiviert dein Wurzelchakra, und du hast das Gefühl, direkt mit der roten Erde verbunden zu sein. Sein Feuer führt dich schnell in deinen Körper zurück, was sich meist in warmen Füßen äußert. Du bekommst einen starken Bezug zur Realität und kannst Dinge nüchtern betrachten. Das Feuercalcit-Wesen macht dir die Schwerkraft bewusst und erzeugt eine warme Verankerung deiner Seele im Körper.

Affirmation
**Ich bin fest verwurzelt in meinem Körper
und betrachte die Dinge realistisch.**

Fluorit
Spannung, Antrieb, Kraft und klares Denken

Der Fluorit trägt ein geistig waches Wesen und birgt eine starke männliche Antriebskraft in sich. Seine Energie vermittelt ein gefestigtes und präsentes Gefühl im Körper, so dass es dir leichtfällt, umsichtig und vorausschauend Zukunftspläne zu schmieden. Er verleiht dir eine rege Wachheit im Geist und erleichtert dir das analytisch-strategische Denken.

Affirmation
**Ich bin wach und kraftvoll.
Leicht erschaffe ich meine Zukunft jetzt.**

Friedensachat
Ruhige, sanfte Rückbesinnung und Rückverbindung

Das helle Wesen des Friedensachats ist leicht, weich und friedvoll. Sein strahlendes Licht schenkt dir ein Gefühl von Entspannung und Leichtigkeit. Deine Energie kehrt zu dir zurück und reduziert sich auf das Wesentliche. Stille und Frieden erfüllen dich. Als neutraler Beobachter kannst du die Ereignisse neu ordnen und deinen inneren Fokus ausrichten. Die Gesetze der Zeit sind aufgehoben, und unter dem Schutzschild des silbernen Friedensbaumes trittst du in Kontakt mit deinen Ahnen.

Affirmation
In der Stille meines Seins ruhe ich in friedvoller Ordnung und bin in Kontakt mit mir und meinen Ahnen.

Goldtopas
Die Früchte deines Lebens erkennen,
annehmen und verwirklichen

Das gütige und edle Wesen des Goldtopas' ist warm, strahlend und schwungvoll. Seine großväterliche Energie wirkt wie ein goldener Schutzmantel und verbindet dich mit hohen Idealen und erhabenen Werten. Die lichtvolle Weisheit des Goldtopas-Wesens vereint den Geist mit dem Körper und erschafft die Frucht des Lebens in dir. Wie ein Großvater, der einen würdevollen Weg gegangen ist und die Früchte des Lebens erkannt hat, wirst du inspiriert, es ihm gleichzutun, sie anzunehmen und zu verwirklichen.

Affirmation
Geborgen bin ich und entfalte erhabene Weisheit in mir.
So nehme ich die Früchte meines Lebens liebevoll an.

Granat
Sich groß, stark und aufgerichtet fühlen

Das kraftvolle Wesen des Granats ist ein wahres Energiebündel. Es richtet auf und verleiht dir das Gefühl von Stärke, Präsenz und Wachheit. Deine innere Flamme wird entzündet und offenbart dir deine Sinnlichkeit. Harmonisch, herzlich und voller Tatendrang hilft dir das Granat-Wesen, deine Schöpferkraft wieder zu aktivieren. Du hast das Gefühl, alles schaffen zu können.

Affirmation
Ich richte mich auf und fühle die innere Flamme meines Herzens. Stark und sinnlich entfalte ich mein Schöpferwesen.

Halit (Steinsalz)
Geistige Reinheit und Verbindung zur eigenen Seele

Das reine Wesen des Halit-Salzes ist leicht, hell und klar. Es verbindet dich auf lichtvolle Weise mit deiner Seele. Mit seiner klärenden Energie wird dein Geist von allen Belastungen gereinigt und angeregt, klar zu denken. Du fühlst dich warm, weich und gelöst.

Affirmation
Mein Geist ist rein,
und ich bin verbunden mit dem Licht meiner Seele.

Hämatit, Rohstein
Männliche Lebenskraft spüren und kühlen Kopf bewahren

Das Hämatit-Wesen ist klar, kraftvoll und schneidig. Es richtet dich auf, und du hast das Gefühl, wohlig erfüllt zu sein. Du kannst einen kühlen Kopf bewahren und stehst dabei mit warmen Füßen sicher auf der Erde. Der Hämatit stärkt dich mit männlicher Lebenskraft und Lebensmut.

Affirmation
Kraftvoll und sicher stehe ich und bewahre einen kühlen Kopf.

Heliotrop
(Luftige) Bewegung in der Tiefe

Das sanfte und doch herausfordernde Wesen des Heliotrops hat einen luftig drehenden Charakter. Seine kreisende Energie bewegt sich in abwechselnden Richtungen und durchweht dich wie eine sanfte Brise. So wirst du in der Tiefe gelockert und gereinigt. Die feinen Schwingungen lassen dich Leichtigkeit und erfrischende klare Weite spüren.

Affirmation
Tief in mir bewegt, fühle ich wohlige Weite und Leichtigkeit.

Honigcalcit
Sich weich, warm und geschützt fühlen

Das weiche Wesen des Honigcalcits ist liebevoll, wärmend und kuschelig. Seine Energie schenkt dir das Gefühl der Geborgenheit und des Genährt-Seins. Wie in Honigwatte gepackt, erhältst du ein süßes lichtvolles Trostpflaster auf deine seelischen Verletzungen, das diese mit lichtvoller Stärke heilen lässt. Du fühlst dich friedvoll, gelassen und geschützt.

Affirmation
Von Wärme und Schutz bin ich umgeben, eingebettet in Trost und friedvolle Geborgenheit.

Jaspis, gelb
Wahrnehmung des momentanen Selbstbildes

Das spiegelnde Wesen des gelben Jaspis' ist freundschaftlich und ehrlich. Es wirkt leicht erdend, ruhig und kräftigend. Deine Intuition wird gestärkt, und du kannst dich gut selbst beobachten. Der gelbe Jaspis lässt dich deine innere Stimme deutlich hören, um dir zu zeigen, was gerade in dir ist. Du kannst innehalten, dein eigenes Selbstbild wahrnehmen, und es fällt dir leicht, anderen ihren Raum zu lassen.

Affirmation
Verbunden mit meiner inneren Stimme nehme ich wahr, was ich bin.

Jaspis, grün
Wache Wahrnehmung und geistige Spontaneität

Das erdige Wesen des grünen Jaspis' ist kühl und erfrischend. Es verankert deinen Körper kompakt in der grünen Erde, lässt überschüssige Emotionen abfließen. Dein Geist wird gedankenlos, so kannst du klar, neutral und nüchtern beobachten. Der grüne Jaspis erzeugt eine trocken humorvolle Leichtigkeit, dabei fällt es dir leicht, deinen Blickwinkel zu verändern. Jetzt öffnen sich dir andere Bewusstseinsebenen, und dein Scharfsinn wird aktiviert.

Affirmation
Mit Klarheit und Leichtigkeit öffne ich meinen Geist.

Jaspis, rot
Innere Ruhe und Stärke mit sicherem
Stand und fester Verwurzelung

Das männliche friedvolle Wesen des roten Jaspis' ist ausgeglichen und stark. Seine warme Energie strömt durch deinen Körper, du bekommst einen aufrechten Stand mit weitem Überblick. Wie ein starker afrikanischer Krieger mit einem Stock in der Hand stehst du in der feurigen rot-erdigen Landschaft seiner Heimat. In der Ruhe liegen deine Herzenskraft und dein Selbstbewusstsein. Dieses Verbundenheitsgefühl mit deiner inneren Quelle verleiht dir die Kraft und den (Edel-)Mut, für dich einzustehen und Verantwortung für dich selbst und die Gemeinschaft zu übernehmen.

Affirmation
Verbunden mit meiner inneren Quelle der Herzenskraft, stehe ich und übernehme meine Verantwortung als friedvoller Krieger.

Karneol
Aufgefüllt sein mit wohlig wärmender Lebenskraft

Das sonnige Wesen des Karneols ist warm, hell und freudig. Es füllt deinen Körper gleichmäßig mit aktiver positiver Lebenskraft aus. Mit ihm kannst du dich wie an einem warmen Sommertag am Strand fühlen und deine Reserven bis in die kleinsten Zellen mit hellem Licht auffüllen. Das Karneol-Wesen nährt dich gut auf allen Ebenen, und du kannst dich damit wohlig entspannen.

Affirmation
**Positive Lebenskraft erfüllt mich.
Alle meine Zellen sind aufgetankt, und ich bin gut genährt.**

Kunzit
Von weichem, warmem Licht der Heiligkeit durchflutet werden

Das hohe Wesen des Kunzits ist groß, weit und gütig. Es verbindet dich liebevoll aber bestimmt mit der Erde und wirkt zugleich öffnend für dein Überbewusstsein. Wie weißer klärender Rauch in einem Lichtdom strömt er himmel- und erdwärts durch deinen Körper und verbreitet dabei ein angenehmes, ruhiges, weites Gefühl. Der Kunzit hilft dir, einen heiligen Bezug zu halten und dein Herz vertrauensvoll aufzumachen. Er zeigt dir auf direkte Art, ob deine männliche und deine weibliche Seite im Gleichgewicht sind. Hier wirkt er ausgleichend, ausrichtend, hell und weich.

Affirmation
In mir verbinden sich Himmel und Erde, Vater und Mutter, Mann und Frau.

Kupfer
Spannung abfließen lassen und durchströmt werden

Das kühle Wesen des Kupfers ist schnell und direkt. Seine ableitende Eigenschaft hilft dir, Verspannungen, Anhaftungen und überflüssige Energie loszulassen. Wie ein Blitzableiter verbindet er dich mit der Erde, und Spannungen in dir werden einfach entladen. So können deine Gedanken und dein Geist entspannen. Du erfährst eine tiefe Reinigung, bist erfrischt und frei von jeglichem Druck.

Affirmation
Ich bin befreit und entspannt, jetzt.

Lapislazuli
Die heilige Wahrheit erkennen

Das heilige Wesen des Lapislazulis ist tief und gütig. Seine Schönheit hilft dir, den Zauber hinter allen Dingen zu erkennen. Deine eigene innere Wahrheit offenbart sich, will ausgesprochen und gelebt werden. Damit kannst du offen zu dir selbst stehen und deinen Weg in Liebe gehen. Dein Blick wird scharf und zielgerichtet wie der eines Adlers, der hoch in den Lüften schwebt. Ein erhabenes Gefühl von Glückseligkeit erfüllt dich.

Affirmation
**Im Einklang mit der heiligen Schöpfung
gehe ich liebend meinen Weg.**

Larimar
Die Liebe zum Leben spüren und einfach sein

Das magische Larimar-Wesen ist erdig, wässrig und luftig zugleich. Reinigend und klärend löst es jeglichen Druck in dir auf und bringt dich unmittelbar in das Hier und Jetzt. Wie vom Wasser getragen, fließen sanfte Wellen dieses mütterlichen Wesens um dich und tragen dich schaukelnd in luftige Höhen. Dein Kopf wird leer, dein Herz und deine Intuition öffnen sich. Die Zeit scheint für diesen Moment stillzustehen, und du erinnerst dich an alles, was war. Der Larimar bringt dich in Kontakt mit der Vergangenheit, uraltem Wissen und allem, was wichtig für dich ist. Du spürst dich selbst in einer liebevollen, starken Präsenz und sagst klar und deutlich ja zu deinem jetzigen Dasein.

Affirmation:
Ich spüre die Schönheit des Lebens in mir und erinnere mich an die Quelle allen Seins.

Magnesit
Entspannen und loslassen

Das weiße Wesen des Magnesits ist weich und ruhig. Auf sanfte Art löst es Anspannungen in deinem Körper und besänftigt deine Gedankenwelt. Das Wesen hilft dir, alles für den Moment loszulassen, tief durchzuatmen, um bei dir anzukommen. Du darfst still werden und dich in diese wohlige Energie der Entspanntheit fallenlassen. Du bist liebevoll getragen.

Affirmation
Sanft und still bin ich ganz bei mir.

Malachit
Raum für inneren Spiegel und Visionen

Das schöne weibliche Wesen des Malachits ist sinnlich und verständnisvoll. Es wirkt dämpfend, abschirmend und spiegelnd. Wie ein Hüter deines Raumes schenkt es dir Geborgenheit und lädt ein, dich zu verinnerlichen, um dein Selbst zu spüren. So geschützt, kannst du dich deinen unterdrückten Wesensanteilen und Bedürfnissen zuwenden. Du stehst sicher verwurzelt wie ein Baum und kannst deine Vision empfangen.

Affirmation
Ich nehme mein Spiegelbild an und empfange meine Vision.

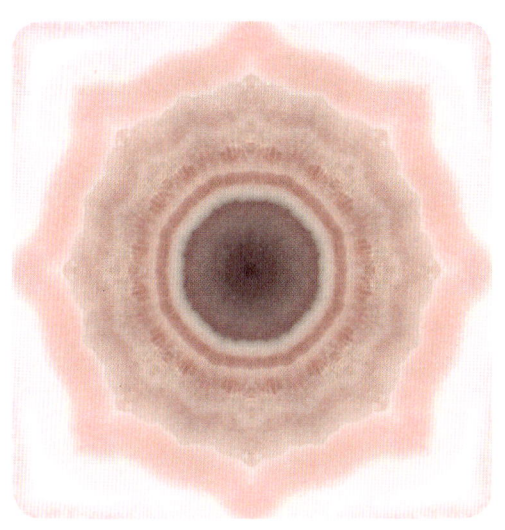

Manganocalcit
Innehalten, harmonisch und kreativ sein

Das sanft kraftvolle Wesen des Manganocalcits ist kindlich kreativ. Seine Energie will Harmonie und Erdung verschenken. Fein pulsiert es in deinem Körper, du hältst inne und spürst dein Herz ruhig, stark und ausgeglichen schlagen. Dabei fühlst du eine angenehme liebevolle Spannung in dir und erwartest neugierig und freudig den nächsten Moment. Jetzt fließen inspirierende Impulse durch deinen Geist, aus denen du kreativ schöpfen kannst.

Affirmation
In der Harmonie liegt die Kraft.
Ich schöpfe aus meiner Inspiration.

Mondstein
Sich für Medialität und Intuition öffnen

Das ätherische Wesen des Mondsteins ist weise, fein und sanftmütig. Von seiner Energie bist du freundlich getragen und wirst liebevoll in Entspannung geführt. In Kontakt mit Mutter Erde bleibst du offen für das Außen und bist angebunden an die geistige Welt. Das Tor zu deiner Intuition und Medialität wird geöffnet, und du wirst unterstützt, das Erfahrene auf die Erde zu bringen.

Affirmation
Verbunden mit allem, was ist, empfange ich.

Moosachat
Abstand gewinnen, um bei sich zu sein

Das nährende Wesen des Moosachats ist ruhig und erholsam. Wie bei einem Waldspaziergang lädt dich seine Energie mit frischer, leichter Kraft auf. Mit seiner Hilfe bekommst du einen wohltuenden Abstand von allen Belastungen und kannst dich wie auf einem weichen Mooskissenbett ausruhen. Deine innere Flamme kann deine Seele wieder sanft und ruhig erleuchten.

Affirmation
Ich wende mich meinem inneren Leuchten zu.

Nephrit
Gleichgewicht durch Verzeihen

Das tragende Wesen des Nephrits ist nährend, sanft und harmonisch. Es wirkt reinigend und klärend auf festgehaltene emotionale Blockaden. Innerer Frieden stellt sich ein, und du findest zu Neutralität und Toleranz. Im Zentrum deiner Ruhe kannst du alles loslassen, was dich bedrückt, und Störfelder werden einfach weggespült. Es ist schön, deine eigene freie Kraft zu spüren. Jetzt kannst du dir einen Ruck geben und im Inneren wie im Äußeren verzeihen.

Affirmation
**Ich vergebe mir selbst und meinem Gegenüber.
Harmonie und Gleichgewicht sind jetzt da.**

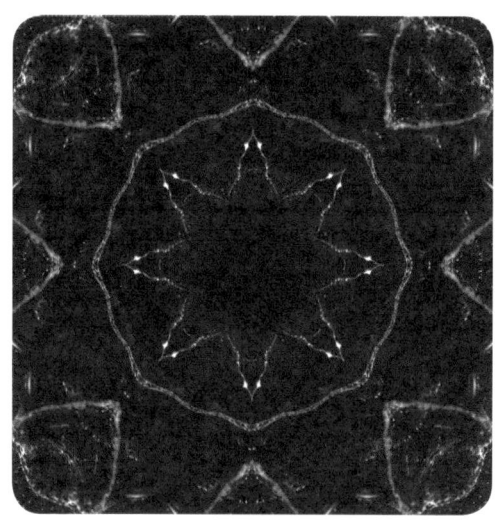

Onyx
Im Auge des Sturms sein

Das schützende Wesen des Onyx ist mächtig und kraftvoll. Wie ein Schutzschild dämpft es den Einfluss vom Außen. In absoluter Windstille stehend, schenkt dir der Onyx Ruhe und Besinnung. Du spürst dich selbst und lauschst deiner inneren Stimme. Das tiefschwarze Steinwesen hat eine Spiegelfunktion, die es dir ermöglicht, deinen inneren Zustand und dein eigenes Lebensthema zu erkennen, um dich ohne Ablenkung damit zu befassen.

Affirmation
Ich halte inne und besinne mich.

Opal, weiß
Erinnerung an die eigene Seele

Das sanfte Wesen des weißen Opals ist weich und hell. Es wirkt ruhig erdend und schenkt dir Geborgenheit. Du kannst dich entspannen, und eine stille Wachheit mit einer klaren Präsenz entfaltet sich in dir. Der weiße Opal gibt dir Einblick in die Tiefe und Reinheit deiner Seele. Du fühlst dich angenommen, wie du bist, ohne etwas geben zu müssen.

Affirmation
Ich erinnere mich an mein heiliges und ewiges Sein.

Optischer Calcit
Neutraler klarer Blick hinter die Dinge

Das weise Wesen des optischen Calcits ist klar und tief. Es durchflutet dich mit seinem hellen Strahlen und macht dich frisch und ruhig. So hilft es dir, einen anderen Standpunkt einzunehmen, und verschafft dir eine neue Perspektive mit einem besseren Überblick. Du kannst tiefer schauen und erkennen, was sich hinter den Dingen verbirgt. Dabei bleibst du frei von Erwartungen und Bewertungen. Als neutraler Beobachter erhältst du Einsicht in den Bauplan des Seins und damit einen besseren Durchblick in allen Bereichen.

Affirmation
Klar und neutral beobachte ich.

Orangencalcit
Vibrierende helle Freude

Das lebhafte Wesen des Orangencalcits ist fröhlich und beschwingt. Seine erhebende Leichtigkeit erhellt deinen Körper mit strahlendem Licht bis in die kleinste Zelle. Du fühlst dich gut genährt und mit kraftvoller, positiver Energie aufgeladen. Wie ein frischer, warmer und vibrierender Wind aktiviert der Orangencalcit und erinnert dich an die Freude in dir. Mit Zuversicht erfüllt, fällt es dir leicht, das Schöne im Leben anzunehmen.

Affirmation
Strahlendes Licht der Freude erfüllt mich.

Peridot
Der eigenen Erfahrung vertrauen und sich von Fremdbestimmung lösen

Das kühne Wesen des Peridots ist ehrlich und klar. Tief klärend und ausleitend, reinigt es, räumt auf und schafft Platz für das Wesentliche. Es hilft dir, die Verbindung mit deiner eigenen Wahrheit herzustellen. Wie ein Adler packt der Peridot tiefliegende Ängste und macht sie sichtbar, um sie zu lösen und in Harmonie zu tragen. Helles Licht breitet sich in dir aus, du erhältst Weitblick, findest Balance und innere Ruhe. Du erkennst den Wert und die Weisheit der eigenen Erfahrungen, die du gemacht hast, um aus ihnen zu lernen. Sicher gehalten und entspannt, kannst du eigene Entscheidungen treffen.

Affirmation
Ich vertraue meiner Erfahrung und entscheide selbst.

Pyrit
Sich erhellt fühlen und mit sich in Kontakt sein

Das spielerische Wesen des Pyrits ist kindlich neugierig. Seine Energie strömt von unten nach oben und verbindet dich mit den luftig lichten Kräften des Himmels. Leicht und sanft greift der Pyrit dir unter die Arme und verleiht dir Flügel. So lädt er dich ein, mit ihm zusammen vom Licht zu träumen und ihn auf seiner Reise zu den Sternen zu begleiten. Dein innerer Raum öffnet sich, und es fällt dir leicht, mit deinem höheren Selbst in Kontakt zu treten.

Affirmation
Vom Licht erhellt begegne ich mir selbst.

Rauchquarz
Die Ruhe in sich finden

Das reife Wesen des Rauchquarz' ist vibrierend und kraftvoll. Seine weiche dominante Energie umhüllt dich wie ein schützender Mantel aus feinstem Nebel. Mit einem inneren Lächeln kannst du auf dich selbst fokussiert sein und wahrnehmen, was du gerade brauchst. Der Rauchquarz hilft dir bei deiner Innenschau, verschafft dir Raum, um Ruhe zu finden und dich auszudehnen.

Affirmation
In mir finde ich alles, was wichtig für mich ist.

Regenbogen-Obsidian
Kraftvoller Stand des friedvollen Kriegers

Das farbenfrohe Wesen des Regenbogenobsidians ist frech und lebenslustig. Es verhilft dir zu einem festen, aufrechten Stand und bringt dich in deine sanfte Stärke. Erfüllt von purer Lebensfreude, bekommst du Antrieb, etwas Neues zu tun. Voller Abenteuerlust erwacht der Rebell in dir und tritt als Regenbogenkrieger in die Welt.

Affirmation
Ich stehe und gehe für das Leben.

Rhodochrosit
Hervortreten und Verantwortung für sich übernehmen

Das vielseitige Wesen des Rhodochrosits ist wohlwollend und fordernd. Wärmend und schützend legt es sich wie ein kuscheliger Mantel sanft um dich, wobei sich gleichzeitig eine pulsierende Spannung im Körper ausbreitet. Stark erdend richtet der Rhodochrosit kerzengerade auf und stärkt das Rückgrat. Dabei entfaltet sich eine forsche Eigendynamik, die an einen geflügelten Krieger erinnert. Ein Gefühl von Erwachsensein und tiefer Verwurzelung erfüllt dich. Liebevolle Eigenverantwortung rückt in den Fokus, und du bist bereit, kraft deiner Stärke hervorzutreten.

Affirmation
Ich trete kraftvoll und aufrecht in Aktion.

Rosenquarz
Von der Dualität in die Einheit

Das sanfte Rosenquarz-Wesen ist zärtlich und liebevoll. Herzerfrischend berührt es die Sinne und erheitert prickelnd das Gemüt. Deine Lebenskraft wird aktiviert, und selbstgesetzte Grenzen lösen sich auf. Das segnende Wesen des Rosenquarzes fördert mit Sanftmut die Selbstliebe, wodurch das Verständnis für einander gestärkt und belebt wird. Mit liebevollem Blick erkennst du die Wahrheit und Einheit in allen Dingen.

Affirmation
Gesegnet bin ich und segne unser aller Sein.

Rubellit
Liebevoll mit sich verbunden sein
und sich vollständig und heil fühlen

Das königliche Wesen des Rubellits ist warm und harmonisch. Es wirkt angenehm mild, harmonisierend und verbindend. Voller Schönheit und edlem Sanftmut hebt es dich über alle Begrenzungen hinweg. Der Rubellit weckt deine liebende herzliche Stärke und führt dich in dein wahres Menschsein. Ein inneres Lächeln breitet sich in dir aus, und du fühlst dich heil und vollständig.

Affirmation
**Liebevoll und harmonisch
bin ich mit der ganzen Schöpfung verbunden.**

Rubin
Vollständig und präsent sein

Das vielseitige und gegensätzliche Wesen des Rubins ist feurig und erdig zugleich. Es trägt eine Schöpferenergie in sich, die männliche Stärke und weibliche Sanftheit miteinander verbindet. In direktem Kontakt mit deiner Umgebung, stehst du fest auf Mutter Erde und spürst gleichzeitig eine präsente feurige Kraft durch deinen Körper strömen. Wie auf einem Leuchtturm stehend, kannst du alles um dich herum nüchtern und objektiv betrachten. Der Rubin füllt dich aber auch vollständig mit liebevoller, herzlicher Energie auf und verhilft dir so zu einem natürlichen Schutz vor unerwünschten Einflüssen.

Affirmation
Mit dem Feuer meines Herzens stehe ich fest und kraftvoll.

Rutilquarz
Frei von Angst sein und Bereitschaft,
sich klar und ehrlich auszutauschen

Das goldene Rutilquarz-Wesen ist warm und liebevoll. Seine befreiende strömende Kraft hilft dir, dich sanft von Ängsten zu lösen. Du kannst dein Schutzschild ablegen, dich leicht fühlen und offen in deiner Verletzlichkeit annehmen. Der Weg in dein Innerstes wird von einem funkelnden Goldregen freigeräumt, und du erhältst Zugriff auf Urwissen, Ahnenweisheit und deine Talente. Mit klarem Blick und dem Abstand zu den eigenen Themen kannst du dich selbst gut beobachten. So ist es möglich, von Herzen zu sprechen und in ehrliche Kommunikation zu treten.

Affirmation
Frei und ehrlich spreche ich
aus dem tiefsten Grund meines Herzens.

Salz (Himalaya-Salz)
Frische Kraft, Reinigung und Klärung

Das erfrischende Wesen des Salzes ist angenehm und freundlich. Es wirkt erhellend, klärend und reinigend. In dir selbst und um dich herum spürst du eine wohlige Erleichterung mit angenehmer Ruhe. Lichtstrahlen erhellen den Raum und schenken dir ein wärmendes Gefühl. Du fühlst dich leicht, belebt und nimmst deinen Körper als Ganzes wahr. Störende Einflüsse lösen sich auf, und du wirst mit frischer, anregender Energie aufgeladen. Das Salz stabilisiert, räumt auf und richtet dich auf.

Affirmation
Ich löse mich von allem Ballast
und nehme frische Lebenskraft an.

Sandrose
Sich frei, weit und im Licht fühlen

Das beruhigende Wesen der Sandrose ist geduldig und lichtvoll. Es wirkt befreiend und entspannend. Eine Flut von weißem Licht erfüllt dich und schenkt dir ein friedliches und sanftes Gemüt. Du spürst eine grenzenlose Freiheit und hast das Gefühl, ewig Zeit zu haben.

Affirmation
Weißes Licht erfüllt mich.

Saphir
Erkennen höherer Ordnung

Das engelhafte Wesen des Saphirs ist schnell und geradlinig. Seine bündelnde Kraft zentriert deine Gedanken auf das Wesentliche und verschafft dir einen klaren fokussierten Überblick. So kannst du dein Leben betrachten und alles verwerfen, was deiner Prüfung nicht standhält. Eine essentielle Klarheit über dich selbst und höhere Zusammenhänge fördert deinen Wunsch nach Wahrheit und sinnvoller Ausrichtung.

Affirmation
**Ich erkenne die heiligen Zusammenhänge
und richte mich danach aus.**

Schörl (Schwarzer Turmalin)
Frei fließend und emotionslos zur Ruhe kommen

Auch wenn das Wesen des Schörls äußerlich ein schwarzes Gewand trägt, ist es doch leicht und hell. Es befreit dich vibrierend von deinen Emotionen und lockert deine Blockaden auch in der Tiefe. Der Schörl verschafft dir eine angenehme innere Ruhe mit einer stehenden Leichtigkeit. So kannst du dich mühelos in eine Beobachterposition begeben und alles aus neutralem Abstand betrachten.

Affirmation
Hell und leicht komme ich zur Ruhe.

Selenit
Loslassen und sich dem Licht zuwenden

Das friedvolle Wesen des Selenits ist ein Bote der Glückseligkeit. Es wirkt loslösend und entspannend. Wie ein Engel nimmt es dich an der Hand und öffnet dir die Tür zu einem heiligen Raum. Eine helle grenzenlose Leere mit einem Gefühl des Angekommenseins breitet sich in dir aus. Lichtvoller Frieden harmonisiert Gegensätze, und du kannst Unverdautes loslassen. Der Selenit zeigt dir Dinge, die getan werden wollen, und inspiriert dich mit einem tiefen weißen Rauschen.

Affirmation
Mit lichtvollem Frieden schaue ich auf mein Leben.

Serpentin
Gleichgewicht durch Selbstliebe

Das grüne Wesen des Serpentins ist mild und wohlig. Seine schützende Mutter Erde-Energie wirkt beruhigend und herzerwärmend. Serpentin harmonisiert dein Gemüt, verhilft dir so zu Lebensmut und Lebenskraft. Du kannst dich annehmen, wie du bist, wodurch du auch friedvoll und konstruktiv mit der Außenwelt in Kontakt treten kannst. Durch seine liebevolle Energie weicht das Serpentin-Wesen Spannungen auf, erweckt dein Mitgefühl und erinnert dich an deine Eigenliebe.

Affirmation
Liebevoll sende ich mir ein Lächeln und sage ja zum Leben.

Smaragd
Den Fokus auf das Schöne richten

Das träumerische Wesen des Smaragds ist fein, leicht und verspielt. Es wirkt wohlig erfrischend und aufrichtend. Dank seiner Hilfe entdeckst du mit wachem, geschärftem Blick die Schönheit, die allem innewohnt. Der Smaragd lenkt deinen Fokus auf Harmonie, Freundschaft und Liebe, wodurch du dir ein sinnliches, genussvolles Leben leicht erlauben kannst. Lebenslustig und zielstrebig inspiriert er dich zu einem Weg voller Freude und Einigkeit.

Affirmation
Das Leben ist schön.

Sodalith
Bei sich sein und sich treu bleiben

Das warme Wesen des Sodaliths ist ruhig, gelassen und leicht. Es durchströmt dich sanft und räumt vor allem in deiner oberen Körperhälfte auf. Deine Gedanken werden freigeräumt von einengenden Vorstellungen, wodurch sich dein Bewusstsein erweitern kann. Regeln, Gesetze und Dogmen verlieren mit Hilfe des Sodaliths an Bedeutung für dich, und Schuldgefühle lassen sich auflösen. Mit weitem, klarem Blick, ohne besondere Fokussierung, kannst du ganz bei dir sein und bleiben.

Affirmation
Leicht und frei bin ich ganz bei mir.

Sonnenstein
Sich in der Sonne wärmen und orientieren

Das milde Wesen des Sonnensteins ist still und gütig. Wärmend fließt seine Energie durch deinen Körper und lässt deine Mitte golden erstrahlen. Der Sonnenstein erfüllt dich mit heller Leichtigkeit und stärkt dein Selbstwertgefühl. In dir wird es ruhig und still. Aufmerksam kannst du jetzt der Stimme deines Herzens lauschen und dich neu orientieren. Optimistisch und voller Tatendrang sagst du ja zum Leben.

Affirmation
**Sonniges Lachen erfüllt mich
und ich sage ja, ja, ja, einfach nur ja!!**

Thulit
Stützende Lebenskraft und sich mutig fühlen

Das mystische Wesen des Thulits ist stark und mutig. Es verbindet dich über die Fußsohlen und Fingerspitzen mit der Erde, dabei wirkt es aufrichtend. Der Thulit erzeugt in dir eine erhabene männliche Spannung, macht dich dabei drahtig und kraftvoll. Du fühlst eine schützende Lebenskraft in dir, und dein Herz schlägt ruhig und stark. Edelmut steigt auf, und du hast das Gefühl, unbesiegbar zu sein. Wie ein heldenhafter Zwergenkrieger mit Biss stehst du fest und sicher. Thule ist der nördlichste Rand der Welt, und das Thulit-Wesen hilft dir, die magischen Grenzen Midgards zu überwinden.

Affirmation
Mutig und entschlossen überwinde ich Grenzen.

Türkis
Geführt von himmlischen Wesenheiten zum wahren Menschsein

Das erhabene Wesen des Türkis ist edel und fein. Es umhüllt dich mit einem kraftvollen Schutz und erwärmt dein Herz. Du fühlst dich liebevoll geborgen und von zartem Licht erhellt. Freudig und wohlwollend erinnert es dich an deine geistige Führung und daran, diese vertrauensvoll in dein Leben einzuladen. Der Türkis verbindet dich mit uraltem Wissen der Schöpfung, und du erkennst dadurch, was wahres Menschsein bedeutet.

Affirmation
Ich vertraue meiner geistigen Führung und erkenne das Göttliche in mir.

Turmalinquarz
Dankbar die Ganzheit und Schönheit des Lebens annehmen

Das lebensfrohe Wesen des Turmalinquarzes ist hell und verspielt, wirkt dabei herzerwärmend und entspannend. Ein warmes weiches Gefühl breitet sich im ganzen Brustraum aus, und du kannst die Einzigartigkeit allen Lebens, besonders deines eigenen, wertschätzen. Staunend und demütig erkennst du die gesamte Schöpfung und erlebst eine tiefe Freude und Dankbarkeit, ein wunderschöner Teil von ihr zu sein. Vor allem bei der Überwindung von Trennungen und Schicksalsschlägen hilft dir das Turmalinquarz-Wesen wieder auf, um dich in ein fröhliches und lebendiges Leben zu führen.

Affirmation
Ich bin dankbar, Teil dieser wundervollen Schöpfung zu sein.

Unakit (Epidot)
Sich seines Körpers bewusst werden

Das tiefgründige Wesen des Unakits ist sinnlich und mystisch. Geduldig führt es dich in die Kraft von Mutter Erde und die Präsenz deines Körpers. Du wirst dir deiner sinnlichen Lust und der liebenden Quelle in dir bewusst. Er hilft dir dabei, dein Selbstbild zu korrigieren und dich so anzunehmen, wie du bist. Du kannst dich erholen und regenerieren, wodurch sich neue Kräfte entfalten.

Affirmation
Ich spüre die sinnlichen Kräfte in mir und weiß, dass ich vollkommen bin.

Vanadinit auf Baryt
Annehmen, unterscheiden und verdauen

Das glitzernde Wesen des Vanadinits auf Baryt ist heiter, strahlend und schön wie funkelnde Sterne. Seine kühlende, harmonisierende Kraft öffnet Räume in der Tiefe. Vor allem hilft es dir bei der Verarbeitung von fremden Eindrücken und vergangenen Erlebnissen. Dabei kannst du mit seiner Hilfe unterscheiden, trennen und verdauen, was dich beschäftigt. So fällt es dir leicht, loszulassen, wo es nötig ist, und du wirst dabei locker und ausgeglichen.

Affirmation
**Ich nähre mich mit dem Guten,
kläre meine Dinge und lasse den Ballast der Welt los.**

Versteinertes Holz
Feine strömende frische Lebenskraft
mit Verbindung zu den Ahnen

Das ehrwürdige Wesen des Versteinerten Holzes ist schwer und kraftvoll. Es verleiht einen festen Stand, so als würdest du Wurzeln schlagen, die tief in die Erde reichen. Wie ein Baum stehst du da, die Zeit verliert sich, und der Lärm der Welt verschwindet. Langsam und ruhig erfüllt es dich mit einer Stärke, die sicher und stabil ist. Frische Lebenskraft fließt in deinen Adern, und du spürst den Kontakt zu deinen Ahnen. Es ist, als würden sie dir die Hände reichen, und der Weg, den sie dir geebnet haben, breitet sich vor dir aus.

Affirmation
Tief verbunden stehe ich sicher auf dem Platz meines Lebens.

Wassermelonenturmalin
Warmherziges Sein und Verständnis für das Gegenüber

Das geduldige Wesen des Wassermelonenturmalins ist liebevoll und zärtlich. Sanft umschmiegt es dich und hilft dir, das Gefühl tiefer Geborgenheit in dir selbst zu finden. Wie ein lebenspendendes Elixier küsst es dein Herz, und Liebe erfüllt dich, hell und strahlend. Seine weibliche Urkraft zeigt dir die Freude des Gönnens und warmherzigen Seins. Dadurch entstehen wahre Freundschaft und echtes Verständnis für dein Gegenüber und dich selbst. Das verleiht dir die Klarheit, deine eigenen friedvollen Absichten zielgerichtet zum Ausdruck zu bringen.

Affirmation
Liebend erkenne ich den Freund, der vor mir steht.

Die Autoren

Stephan Bergmann, ein Bärentänzer (Jahrgang 1974), sagt über sich selbst: »Oft weiß ich nicht, warum manche Dinge getan werden sollen. Ich folge immer nur der inneren Gewissheit und erledige die Aufgaben. Manches will gesagt werden und anderes gelassen. Erforderlich sind meistens Mut, Urvertrauen, Hingabe, Liebe und innere Stärke. Mit viel Freude bin ich den Indianischen Weg als Sonnentänzer, Wassergießer, Trance-Coach und als Trommelbauer gegangen. Ich fing an, immer mehr zu erforschen, und machte viele interessante und kraftvolle Beobachtungen. So entwickelte sich mit der Zeit das Motherdrum-Healing, und ich fing an, Therapeuten auszubilden. Den größten Wert lege ich dabei darauf, dass wir alle unserer eigenen Wahrnehmung trauen und die Sinne schärfen.«

Stephan Bergmann, Erfinder der Motherdrum, Entdecker des Motherdrum-Healings und Schöpfer des Heal-The-Earth-Dances samt Motherdrum & FatherSky-Festivals. Vater von vier Kindern und der Motherdrum-Community.

www.steinwesen.com

Frank Girulat (Jahrgang 1967): »Aufgewachsen in der Stadt Weißenhorn, sehr naturverbunden und an der Elektrizität interessiert, absolvierte ich ein Studium der Elektrotechnik an der Fachhochschule in Augsburg zum Dipl. Ing. (FH). Nach dem Studium erfolgte eine Neuorientierung mit dem Gedanken, wie kann ich mein erlerntes Wissen mit gesundheitli-
chen Aspekten kombinieren. Dies führte zur Gründung eines Ingenieurbüros mit dem Schwerpunkt gesundheitsfördernde Beleuchtung.

Im Jahr 2011 trat die Familie Bergmann in mein Leben, und wir verbrachten viel Zeit miteinander. Die schamanische Arbeit wurde intensiver, und meine Frau und ich arbeiten seither mit der Muttertrommel (Motherdrum). Wenn es zeitlich möglich war, begleitete ich die Motherdrum-Seminare, und ein Teil des Seminars ist das Legen von Steinkreisen im Medizinrad.«

www.steinwesen.com

Literaturhinweise

Dahlke, Rüdiger, *Krankheit als Symbol*, C.Bertelsmann, 2007
Eybl, Björn, *Die seelischen Ursachen der Krankheiten*, Ibera, 2010
Flaming Crystal Mirror, Mary, *Süße Medizin, Band 1 und 2*, Vier Welten Verlag, 2001
Gienger, Michael, *Die Steinheilkunde*, Neue Erde, 1995
Hay, Louise L., *Heile deinen Körper*, Lüchow, 1983
Kinkele, Thomas/Arndt, Petra, *Die Pflanzenhelfer*, Windpferd-Verlag, 2005
Sun Bear/Wabun Wind/Crysalis Mulligan, *Das Medizinrad-Praxisbuch*, Arkana, 1997